AF452710

EXPLICATION
DES OUVRAGES
DE PEINTURE
ET
DE SCULPTURE
DE MESSIEURS
DE
L'ACADEMIE DE S. LUC,

DONT l'expofition a été ordonnée par Monfieur le Marquis DE VOYER, Maréchal de Camp & Armées du Roi, Lieutenant Général pour S. M. en fa Province d'Alface, Gouverneur de Romorentin, Infpecteur Général de la Cavalerie & des Dragons, Directeur Général de tous les Haras du Royaume, Honoraire-Affocié libre de l'Académie Royale de Peinture & Sculpture, Vice-Protecteur de l'Académie de SAINT LUC.

L'Ouverture fe fera dans une Salle de l'Arfenal, Cour du Grand-Maitre, le 15 Mai 1752.

A PARIS,

De l'Imprimerie de D'HOURY pere, Imprimeur de l'Académie de S. Luc, rue vieille Bouclerie.

M. DCC. LII.

AVEC PERMISSION.

L'ACADEMIE DE SAINT LUC, aussi ancienne que le goût des François pour la Peinture & la Sculpture, a toujours été une source d'Artistes qui, en cherchant à se distinguer, ont travaillé de concert, & à l'envi les uns des autres, à porter à la perfection les Arts qui sont l'objet de leur application & de leurs veilles. La glorieuse adoption dont les Rois ont bien voulu honorer ce Corps, a nourri & entretenu leur zèle. C'est de cette Académie que sont sortis plusieurs Hommes célébres, à qui un mérite supérieur a procuré des honneurs immortels.

L'Académie de Saint Luc a eu dans tous les temps des Protecteurs illustres & éclairés.

Monsieur le Marquis DE VOYER, Vice-Protecteur de l'Académie, dont le zèle pour le progrès des Arts égale la parfaite connoissance qu'il en a, ayant remarqué que l'exposition que l'on fit l'année derniere aux Augustins, avoit

contribué considérablement à soutenir
& à augmenter l'émulation, a ordonné
que l'on mît les nouvelles productions
de l'Académie sous les yeux du Public,
dont les suffrages ont encouragé les
Académiciens qui avoient soumis leurs
Ouvrages à son jugement.

C'est pour seconder les vûes d'un
Connoisseur si éclairé, que Son Altesse
Sérénissime Monseigneur LE COMTE
D'EU a bien voulu accorder une Salle
à l'Arsenal, Cour du Grand-Maître,
où, pendant un mois, on exposera les
nouveaux Ouvrages. L'Ouverture s'en
fera le Lundi 15 Mai 1752.

EXPLICATION
DES OUVRAGES
DE PEINTURE
ET
DE SCULPTURE
DE MESSIEURS
DE L'ACADEMIE DE S. LUC.

OUVRAGES DE MESSIEURS
les Officiers de l'Académie.

Par M. SPOEDE, *Recteur.*

N°. 1. 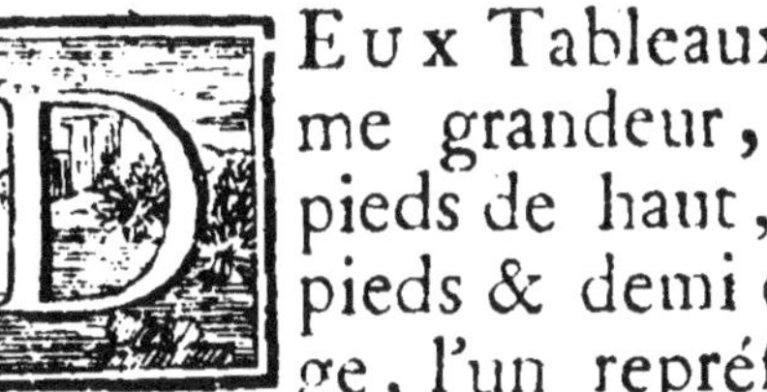Eux Tableaux, même grandeur, de 3
pieds de haut, sur 3
pieds & demi de lar-
ge, l'un repréſentant
le Printemps, & l'autre l'Automne. Ces

Tableaux ſont ſous le même Numero.
N°. 2. Un autre Tableau, repréſentant
du Gibier.

Par M. MERELLE, *Profeſſeur.*

3 Le Portrait de Monſieur & de Madame de ***, l'un en Habit de Velours, l'autre en Mantelet, hauteur de
2 pieds, ſur 17 pouces de large.
4 Le Portrait de Madame *** en buſte.

Par M. DUMESNIL *le jeune, Profeſſeur.*

5 Un Tableau repréſentant Céphale &
Procris, dans le moment qu'il lui
fait préſent de ſon dard & de ſon
chien. Ce Tableau tiré de la Méta-
morphoſe, portant de haut 3 pieds
9 pouces, ſur trois pieds de large.
6 Deux autres Tableaux de même
grandeur, l'un repréſentant une Mere
qui regarde jouer ſes Enfans :
L'autre, une Chambre où une Servan-
te habille des Enfans. Ces deux Tableaux ſont ſous le même Numero,
portant 2 pieds & demi de haut, ſur
3 & demi de large.
7 Un autre Tableau repréſentant un
Chriſt, la Vierge au bas, & quel-

ques. autres Figures, portant 3 pieds
de haut, fur 1 pied 9 pouces de large. Ce Tableau appartient à M. le
Prieur des Carmes-Billettes.

8 Deux autres Tableaux de même gran-
deur, l'un repréfentant une Dame de
Charité, donnant fes ordres à une
Sœur-Grife :

L'autre, un jeune Abbé de Catéchifme
qui reçoit un jeune Enfant amené par
fa Sœur. Ces deux Tableaux fqnt
fous le même numero, hauteur de 15
pouces de large, fur 1 pied de haut.

Par M. H U E T, *Profeſſeur.*

9 Un Tableau repréfentant un Chien.
Ce Tableau appartient à M. le Comte
de ***.

Par M. W A N D E R V O O R S.

10 Deux Modelles de Femmes cou-
chées.

Par M. D U P O N T, *Profeſſeur.*

11 Un Narciffe en marbre, d'environ 2
pieds de proportion.

A iv

12 Une Flore, un Bacchus, & une Minerve en terre, de 18 pouces de haut. Ces trois Morceaux font fous le même Numero.

13 Une autre Flore & un Zéphire en terre, de 13 pouces de haut. Ces deux Morceaux font en terre cuite, & fous le même Numero.

14 Un Groupe d'Enfans, repréfentant l'Europe avec fes attributs, & des trophées d'Armes, pour être exécutés fur l'angle d'un Batiment.

Par M. Vennevault, *Adjoint.*

15 Deux Tableaux en migñature, faifant pendant, forme ovale, dont l'un repréfente Adam, qui à fon réveil voit la Femme que Dieu avoit créée, & dit : » Voilà la chair de ma chair, & » les os de mes os.

L'autre repréfentant Eve féduite par le Serpent, & donnant la Pomme à Adam. Ces deux Tableaux font fous le même Numero.

16 Un Portrait du Roi.

17 Deux petits Payfages, l'un repréfentant un Hiver, & l'autre la Soirée. Ces deux Tableaux font fous le même Numero.

18 Le Portrait de Madame de ***.

Par M. GUERIN, *Adjoint.*

19 Un Tableau de 4 pieds 3 pouces de haut, fur 2 pieds 10 pouces de large, repréfentant un Chrift, avec une Gloire de Chérubin.

20 Un autre Tableau repréfentant un Saint Siméon en bufte, de la hauteur de 2 pieds 3 pouces, fur 1 pied 11 pouces de large.

21 Un petit Mangeur d'Huitres au bord du Port, de 3 pieds de large, fur 4 de hauteur.

22 Une Sainte Famille peinte fur cui-vre, portant neuf pouces de large, fur fept de haut. Ces deux derniers Tableaux appartiennent à l'Auteur.

Par M. COUSINET, *Adjoint,* *ancien Sculpteur de* Mgr. LE PRINCE DE CONDÉ.

23 Un Similacus, repréfentant le Défir magnanime & généreux.

24 Une Figure en terre cuite, représentant un Citéron.

25 Un Crucifix en plâtre, fait d'après
nature.

26 Une Esquisse en terre, représentant
la Générosité, faite pour Chantilly.

27 Une Esquisse du Mausolée de M.
l'Abbé de la Grange à Notre-Dame.

28 Plusieurs autres Esquisses sous le
même Numero.

Par M. JOLLAIN, *Adjoint.*

29 Un Plafond représentant une As-
somption, toile de quatre.

30 Un Portrait, toile de vingt-cinq.

31 Une Esquisse représentant Eve en
présence d'Adam.

Par M. DESBAPTISSE, *Adjoint.*

32 Une Nayade & un Fleuve sur une
Roche.

33 Une Esquisse de deux Femmes qui
se débattent pour un Oiseau, exécutée en pierre de Conflans.

34 Une autre Esquisse exécutée en pierre
de Tonnerre, pour Charonne.

35 Plusieurs autres Esquisses sous le même Numero.

Par M. BESNARD, *Adjoint.*

36 Deux petits Tableaux faifant pendant, l'un repréfentant des Mangeurs
d'Huitres au bord de la Mer :
L'autre, des Marchands de Poiffons.
Ces deux Tableaux font tirés du Cabinet de M. Liot, & font fous le même Numero.

37 Deux autres petits Tableaux faifant
pendant, l'un repréfentant des Sol-
dats Efpagnols chez un Fermier à
table :
L'autre, un Braconnier qui vend un
Liévre à des Payfans. Ces deux Tableaux appartiennent à l'Auteur, &
font fous le même Numero.

38 Un Tableau de 2 pieds 2 pouces de
haut, fur 2 pieds 8 pouces de large,
repréfentant un Divertiffement cham-
pêtre.

39 Un autre Tableau repréfentant une
Marine au Soleil couchant. Ce Tableau eft de deux pieds quatre pouces de haut, fur deux pieds 8 pouces de large, auffi appartenant à
l'Auteur.

Par M. S AUTRAY , *Adjoint.*

40 Le Modelle d'une Fontaine qui doit être exécutée , tant en plomb qu'en pierre , de la proportion de 16 pieds de haut , pour être mife au-deffus d'un Baffin.

41 Un Apollon affis fur une Terraffe.

42 Deux Buftes , l'un repréfentant la Foi , & l'autre l'Efpérance.

Par M. CHANTEREAU , *Adjoint.*

43 Un Tableau repréfentant une Chaffe à l'Oifeau de Proye.

Par M. SUSANNE , *Adjoint.*

44 Plufieurs Efquiffes fous le même N°.

Par M. BONNET DANVAL , *Confeiller.*

45 Un Tableau repréfentant une Fuite en Egypte , portant 9 pieds de haut , fur 6 de large.

Un Tableau , même grandeur , repré-fentant le repos en Egypte. Ces deux Tableaux fous le même Numero.

46 Une Esquisse représentant la mul-
tiplication des Pains, faite & exécutée pour l'Abbaye de Cercamps, portant 4 pieds de large sur 3 de haut.

47 Une Esquisse du repos d'Egypte.

48 Un dessus de Porte, représentant
Diane & Endimion, portant 4 pieds
de large sur 3 pieds de haut, en forme
chantournée.

49 Deux Portraits de Chanoines avec
leurs Aumusses.

Par M, E I S E N, *Conseiller.*

50 Un Tableau, toile de 3 livres en
hauteur, représentant l'Attelier d'un
Peintre occupé à faire le Portrait
d'un jeune homme qui vient d'être
tué, & qui est son fils, ce qu'on re-
connoît à l'inspection d'un Vieillard
où la douleur & la fermeté se con-
fondent. Ce Sujet est tiré de l'Histoire abrégée des Peintres.

51 L'Histoire de Lucas Sinorelly.

52 Une Esquisse du Serpent d'Airain,
qui a été exécutée en grand.

53 Deux Desseins faits pour Madame
la Marquise de Pompadour, de la
composition du Sieur Eisen.

54 Un Printemps & une Automne d'a-

[14]

près un Bas-Relief d'Yvoire, tous
deux de même grandeur. Ces deux
Desseins ont été gravés par Madame
la Marquise de Pompadour, lesquels
deux Bas-Reliefs lui appartiennent.

55 Deux Desseins qui avoient été faits
pour servir d'ornement à l'Oraison
Funébre de Madame HENRIETTE
DE FRANCE.

56 Plusieurs Esquisses sous le même N°.

Par M. LIOTARD, *Peintre du Roi,*
Conseiller de l'Académie.

57 Le Portrait du Roi.
58 Madame la Dauphine.
59 Madame Infante.
60 Madame Henriette.
61 Madame Sophie.
62 Madame Louise.
63 L'Infante Isabelle.
64 Le Maréchal Comte de Saxe.
65 M. le Maréchal D. L. F.
66 M. de S. S.
67 M. le Marquis de S.
68 Mademoiselle de Paully.
69 Le Portrait de l'Auteur en grand.
70 Mademoiselle Jaquet.
71 Une Tête de Vierge.

72 Une Venitienne.

73 Un petit Tableau qui repréſente une Diſpute pour des Marons.

74 Un Portrait en mignature, & ſon Pendant deſſiné. Ces deux Tableaux ſont ſous le même Numero.

75 Le Portrait de l'Auteur en émail.

76 Dix Deſſeins faits en Turquie.

Par M. HUBERT, *Conſeiller.*

77 Une Eſquiſſe d'un Modelle en terre avec ſon pied bronzé, repréſentant Petus & Arrie.

78 Une Eſquiſſe en terre d'un Groupe d'Enfans, avec une Chévre.

79 Deux petits Bronzes en couleur de fumée, l'un repréſentant Leda, & l'autre une Déeſſe qui ſort des bains. Ces deux Modelles ſont ſous le même Numero.

Par M. SERTIER, *Conſeiller.*

80 Un Bas-Relief en plâtre, repréſentant la femme du Levite outragée.

81 Deux Eſquiſſes, ſous le même Numero, repréſentant deux Fleuves.

Par M. DURAND, *Conſeiller.*

82 Deux Tableaux de ſix pieds de haut

fur quatre de large, l'un repréfentant
une fainte Anne, l'autre un faint Jo-
feph. Ces deux Tableaux font fous
le même Numero.

Par M. B O N N A R T.

83 Un Tableau de cinq pieds de large
fur quatre pieds de haut, qui font les
Portraits de Monfieur & de Madame * * *.

Par M. V I N C E N T, *Ancien Profeffeur.*

84 Le Portrait de Madame Vincent.
85 Le Portrait de Monfieur & Madame
Gatinot.
86 Le Portrait de M. Caffeint le Fils.
87 Le Portrait de Madame Liébaut.
88 Le Portrait de M. Dulain Pere.
89 Le Portrait de Madame Baleis.

Par M. D U M E S N I L l'aîné, *ancien
Profeffeur.*

90 Un Tableau repréfentant un S. Je-
rôme méditant fur la Mort.
91 Un Tableau repréfentant le Dieu
Mercure qui va trancher la tête du
Berger Argus, pour délivrer la Vache
Yo.

92 Une Efquiffe d'une Prédication de S. Jean dans le Défert.

Par M. C O R N U, *ancien Adjoint.*

93 Une Vierge admirant l'Enfant Jesus qui dort, pendant que les Anges l'a-dorent.

94 Deux Pendants, l'un repréfentant l'éducation de l'Amour :
L'autre l'Amour piqué par une Abeille, qui montre en pleurant fa bleffure à Venus fa mere.
Ces deux Tableaux font fous le même Numero.

95 Un Tableau repréfentant l'avare Opinius reveillé de fa léthargie par le bruit de l'argent qu'on repand au pied de fon lit par l'ordre de fon Médecin.
Ce Tableau fur toile de 20.

96 Un Payfage, avec des Animaux.

Par M. D E M A R E S T, *ancien Adjoint.*

97 Un Tableau repréfentant un Cou-ronnement d'épines, de deux pieds de haut fur un pied neuf pouces de large.

98 Un Tableau repréfentant Télema-

B

que dans l'Isle de Calipso , racontant
ses Aventures. Ce Tableau est de quatre pieds de large sur trois de haut.

99 Un Tableau représentant Notre Seigneur au Jardin des Olives, de 6 pieds
& demi de haut sur 4 & demi de large.

100 Quatre Esquisses lavées à l'encre de
la Chine , représentant les Vertus.

Par M. CHEVALIER , *ancien Adjoint,*
& Eleve de feu M. RAOUX.

101 Le Portrait de feu M. le Pautre ,
Sculpteur du Roi, ancien Recteur de
l'Académie , tenant le Modelle d'Enée
& Anchise qui est aux Thuilleries.

102 Le Portrait de M. l'Archevêque de
Sens.

103 Le Portrait de la Famille de M.
Mirfin , représentant Télemaque qui
raconte ses Aventures dans l'Isle de
Calipso.

104 Le Portrait de M. de la Châteigne-
ray , Ecuyer de main de la Reine, en
habit de velours cramoisi, brodé d'or.

105 Le Portrait de Madame Galien en
robe blanche , appuyée sur un car-
reau.

106 Le Portrait de M. de *** en habit de velours noir.

107 Le Portrait de M. *** habillé en Espagnol.

108 Le Portrait de M. Chevalier fumant sa pipe.

109 Le Portrait de M. le Long, chantant une chanson, & buvant bouteille.

110 Deux petits Tableaux pendans, l'un représentant une Cafetiére d'argent, avec des Pêches & des Noix :
L'autre représentant une issuë d'Agneau, des raves, & des œufs rouges. Ces deux Tableaux sont sous le même Numero, & appartiennent à l'Auteur.

111 Un petit Tableau représentant M. de *** dans son Cabinet, caressant son Chien.

112 Un petit Tableau représentant l'invention du Dessein à la lumiere.

113 Le Portrait de M. Liébaut, Géographe ordinaire du Roi, Censeur Royal.

114 Le Portrait de M. le Cointre, Officier du Roi dans ses Académies.

115 Le Portrait de M. de Campagnol, appuyé sur un Livre de Généalogie.

116 Deux petits Tableaux, l'un repréfentant une Jatte pleine de Fraifes, &
une petite Bouteille dans laquelle il y a
des Œillets & des Capucines tombées:
L'autre repréfentant un Gobelet, une
Ecrevifle, un Citron pelé, une Biga-
rade, des Pommes d'Apis, un Cou-
teau à manche de porcelaine ; le tout
réfléchi dans le Gobelet.

117 Le Portrait de M. le Comte d'Au-
male, Lieutenant Général des Armées du Roi, Commandeur de l'Ordre Royal & Militaire de S. Louis,
Directeur des Fortifications des Pla-
ces d'Artois.

118 Un petit Tableau repréfentant une
Jatte pleine de Cerifes, une Carafe
pleine de Fleurs, une Tafle à Caffé,
& des petits Infectes.

Par M. LIEGEOIS.

119 Un Tableau repréfentant une Tem-
pête où un Vaiffeau va fe brifer par la
rapidité des eaux au pied d'une Roche.

Un autre Tableau repréfentant un Bois
fitué fur le bord de la Mer, un Sol-
dat Romain portant une Femme, &
fe repofant. Ces deux Tableaux font
fous le même Numero.

120 Un Tableau repréſentant une Marine au Soleil couchant, où un Philoſophe entretient deux de ſes Diſciples.

121 Le Portrait d'un Particulier, ſon ami.

Par M. NOLLEKENS.

122 Un Tableau repréſentant une Créche.

123 Un Tableau repréſentant une Académie de Deſſeins.

Un autre Tableau, même grandeur, repréſentant le Jardin de l'Hôtel Soubiſe.

Par M. POUGIN DE S. AUBIN.

124 Le Portrait de Madame d'E. ***, en Gouvernante Eſpagnole dans la Comédie du Magnifique.

125 Le Portrait de Madame de C. *** en Jardiniere.

126 Le Portrait de Madame de W. ***, & ſon petit-Fils.

127 Le Portrait de M. d'Aube, Maître des Requêtes.

128 Le Portrait de M. le Maréchal de Balincourt.

129 Le Portrait de Monſieur & Madame ***, ſous le même Numero.

130 Le Portrait de M. de B.

131 Le Portrait d'une jeune Fille.

132 Le Portrait de M. l'Abbé ***.

133 Le Portrait de M. le Comte
d'A.

134 Le Portrait de M. De B.

135 Le Portrait de M. De R.

136 Les Enfans de Madame de Lanion
en Savoyards.

137 Les Enfans de Madame la Mar-
quiſe d'Eſſertaux, même habillement.
Un Négre & une Négreſſe, ſous le
même Numero.

138 Deux Peres Capucins.

139 Madame de ***.

140 La Femme de l'Auteur.

141 Une Eſquiſſe du troiſiéme Acte
de la Comédie d'Arlequin & Scapin,
Voleurs par amour.

Par M. CASE.

142 Un Tableau repréſentant Notre
Seigneur, & la Femme adultére.

143 Un Tableau repréſentant Notre
Seigneur qui reſſuſcite le Fils de la
Veuve de Naïm.

44 Quatre Tableaux, toile de 30, re-

préfentant les quatre heures du jour.
Ces quatre Tableaux font fous le même Numero.

145 Un Tableau, toile de 15 . repréfentant Joſeph & la Femme de Putifar.

146 Un autre de même grandeur, repréfentant la chafte Suſanne, & les
deux Vieillards.

147 Un autre Tableau, toile de 12, repréfentant Salmacis & Hermaphro-
dite.

148 Un Tableau repréfentant Léandre,
qui traverſe la Mer pour aller voir
Héro.

149 Le Portrait de l'Auteur, par lui-
même.

Par Mademoiſelle S. M A R T I N.

150 Deux Devans de Cheminée, l'un
repréfentant un Savoyard qui monte
dans une cheminée :

L'autre une Balayeuſe. Ces deux Tableaux font fous le même Numero, appartenant à M. de Carſillier,
Avocat au Parlement.

151 Le Portrait de M ***. appuyé fur
un Livre.

152 Le Portrait d'un jeune Homme tenant fa Palette.

153 Le Portrait d'une Dame appuyée
ſur une Table.

Par M. V I G E'.

154 Le Portrait de M. le Duc de Niver-
nois, Pair de France , Grand d'Eſ-
pagne , Noble Vénitien , Commandeur des Ordres du Roi , Ambaſſa-
deur extraordinaire de Sa Majeſté au-
près du S. Siége.
155 Le Portrait de M. le Marquis de Bo-
nac en Robe de chambre, tenant un
porte-crayon.
156 Le Portrait de M. Natoire , Directeur de l'Académie de France à Ro-
me.
157 Le Portrait de M. Spoëde , Recteur
perpétuel de l'Académie de S. Luc.
158 Un Enfant tenant une Roſe à la
main.
159 Un autre Enfant avec ſon Ochet
& ſa Nourrice.
160 Mademoiſelle Coupé de l'Opéra.
161 Mademoiſelle Beaumenard de la
Comédie Françoiſe.
162 Mademoiſelle de * * *. en Nayade.
163 M. de * * *. en Domino, tenant un
maſque à la main.

164 M. d'Hemmery.

165 Madame Vallée.

166 M. Bellot, Tréforier, Payeur des gages de Meffieurs de la Monnoie.

167 Madame la Cour.

168 Un Tableau repréfentant une Noce de Village.

169 M. de Perres, & Madame de Perres en Marmote :

Et plufieurs autres Portraits fous le même Numero.

Par M. COQUELET.

170 Le Portrait de Mademoifelle de ***.

171 Le Portrait de M. *** tenant un papier de chiffres à la main, & montrant un échantillon de Caffé.

172 Un petit Portrait deffiné d'après nature.

173 Une Efquiffe repréfentant l'Adoration des Bergers.

Par M. ALLAIS.

174 Le Portrait de Madame la Marquife de * * *, en Veftale, à huile.

Une Dame en Diane, en paftel.

Madame Thomaffin, en paftel.

Un Portrait de Madame de * * *.

C

Mademoiselle de ****. à sa toilette.
M. son Frere.
Mademoiselle Darimath en habit de Batelier de S. Cloud.
Ces sept Tableaux sous le même N°.

Par M. GLAIN.

175 Les Portraits de Mesdemoiselles de Lovendal, peints en 1749, sous le même Numero.

176 Le Portrait de Madame de ***.

177 Le Portrait de Madame Rivié.

178 Le Portrait de M. Hous, Architecte.

179 Celui de Madame son Epouse.

180 Le Portrait de Mademoiselle Morelle.

181 Le Portrait de M. le François.

182 Le Portrait de Mademoiselle Tirelle.

183 Le Portrait de M. Martin.

184 Une Tête coëffée à la Basqueze.

185 Une autre Tête.

Une autre Tête coëffée en Savoyarde, sous le même Numero.

Par M. DIEU.

186 Un Tableau représentant un Port de Mer.

187 Un autre Tableau repréſentant les Amours du Bocage, & un fond de Payſage.
188 Un autre Port de Mer d'un pied dix pouces de large, ſur un pied ſix pouces de haut.
189 Un Tableau repréſentant un Payſage.
190 Deux Payſages, même grandeur, ſous le même Numero.

Par M. BOLKEMAN.

191 Un Tableau repréſentant un Buffet de fruits, & des Animaux.
192 Deux autres Tableaux, faiſant pendant, repréſentans du Gibier.

Par M. DORLY.

193 Le Portrait de M. Vade, toile de 8.
194 Le Portrait de M. Charpentier, Muſette de chez le Roi, ſur toile de 30, repréſenté dans ſes plaiſirs, tenant ſa taſſe à la main.
195 Le Portrait de M. ***. Inſpecteur, en habit de Berger, jouant de ſa Muſette.

[28]

196 Le Portrait de Madame Charpentier, tenant son Chien.
197 Le Portrait de Madame * * *.
198 Le Portrait de M. Fenot, Inspec-
teur de Police.

Par M. RAGUENET.

199 Une Vuë du Pont-neuf, d'un pied
12 pouces de haut, pris du Balcon du
Roi au Vieux Louvre.
Une autre Vuë, même grandeur, prise
du Pavillon de Madame la Duchesse
du Maine à l'Arsenal.

Par M. BERNARD.

200 Le Portrait de M. le Marquis
DE VOYER D'ARGENSON,
Vice - Protecteur de l'Académie. Ce
Portrait a été fait en 1751.

Par M. DIDIER, *ancien Adjoint.*

201 Le Portrait de M. Demarais, *ancien Adjoint.*
Celui de Madame son Epouse, sur toile
de 25, tous deux sous le même N°.
202 Le Portrait de Mad^{lle}. Demarais
leur fille, sur toile de 6.

203 Le Portrait de Monsieur & de
Madame Dague enfemble, fur une
même toile, repréfentant Vertumne
& Pomone.

204 Le Portrait de Monsieur & de Madame Tirelle, fur toile de 25, fous
le même Numero.

205 Le Portrait d'une jeune Demoi-
felle, fur une toile de 6.

206 Le Portrait de M. Charpentier,
jouant de la Mufette.

207 Deux Tableaux fur toile de 50,
l'un repréfentant Jupiter en Signe, &
Leda :

L'autre repréfentant Bacchus fous la
figure d'une grappe de Raifin, jouif-
fant d'Erigone. Ces deux Tableaux
font fous le même Numero.

208 Un Portrait fur toile de 25, repréfentant une Efpagnolette.

209 Une Efquiffe, toile de 20, repréfentant la Sainte Vierge au Temple.

Par M. ALEXANDRE, *Ancien.*

210 Un Crucifix fur fa Croix, le tout
de marbre.

Par M. DEQUOY.

211 Un Saint Pierre & un Saint Paul,

toile de vingt-cinq, ſous le même Numero.

212 Une Récureuſe, toile de 30.

213 Un Mendiant qui mange ſa Soupe, ſur toile de 25.

214 Un Cordelier de la Chine, toile de 25.

Par M. HAINAULT.

215 Deux petits Tableaux répréſen-tans des Payſages, peints à Gouaſſe, dans le goût de paſtel.

Par M. LANOUELLE.

216 Le Fils de M. de ***, faiſant un Deſſein à l'Encre de la Chine.

217 Le Portrait de M. Michaut.

218 Le Portrait de Monſieur ***, Maî-tre en Chirurgie.

219 Le Portrait de M. Guyon.

220 Le Portrait de M. ***, un des fre-res de M. Guyon.

Par M. MOULIN.

221 Un Tableau repréſentant une Ma-tinée, toile de 3.

222 Un autre Tableau, toile de 4;
représentant une Soirée.

Par M. VOIRIOT.

223 Un Saint Jacques en pastel.

SUITE DES NUMEROS

*des Ouvrages de Peinture & Sculpture de l'*ACADÉMIE DE S. LUC, *dont l'exposition a été faite à l'Arsenal, Cour du Grand-Maître, le 15 Mai 1752.*

Par M. BETHON, *Professeur.*

Nº. 224 Un grand Tableau représentant une Venus & plusieurs Cupidons.

Par M. LE MAIRE, *ancien Professeur.*

225 Un Chasseur, toile de 50.
226 Une Vestale, toile de 30.
227 Un Portrait d'Homme, toile de 25.
228 Quatre Tableaux en Esquisse, représentans la désobéissance d'Adam & d'Eve, la défense de toucher au Fruit de Vie, la formation de la Femme pendant l'extase d'Adam, & Adam chassé du Paradis Terrestre. Ces quatre Tableaux sous le même Numero.

Par M. VINCENT, *ancien Professeur.*

229 Le Portrait de Monsieur & de Madame de ***.

D

Par M. V i a l y, *Peintre du Roi & de l'Académie.*

230 Le Portrait de M. le Comte de Vance, Colonel du Régiment Royal Corse, Maréchal de Camp des Armées de Sa Majesté.

231 Le Portrait de Madame la Vicomtesse de Vance, peinte en Vestale.

232 Le Portrait de M. Duriny, Nonce de Sa Sainteté à la Cour de France.

233 Le Portrait de M. le Comte de Bonneval, Bacha à trois Queues, Gouverneur de Caramanie.

234 Le Portrait de M. ***

235 Le Portrait de M. de ***.

236 Le Portrait de Mademoiselle ***, peinte en Muse, avec tous les Attributs de Melpoméne & de Thalie, assise au pied du Mont Parnasse.

Par *Madame la Veuve* GODEFROY.

237 Tableau peint à Gouasse, représentant un Enfant de 4 pieds de haut, dans le goût du Titien, levé de dessus son fond de bois, & remis sur toile : la Figure est restée imprimée sur le bois, ce qui en fait la preuve. On sçait bien que le genre de cette Pein-

ture a dû rendre l'opération extrême-
ment difficile. Le Tableau appartient
à M. le Comte de Caylus.

238 Un Tableau de Bertin, représentant Apollon piqué des fléches de
l'Amour, levé de deſſus une vieille
toile, & remis ſur une toile neuve.

239 Un Tableau de Paul Brille qui étoit
maroufflé ſur bois, levé & remis ſur
une toile neuve. Il appartient à M. le
Baron de Thier.

240 Un Tableau d'un Eleve du Bour-
guignon, levé à moitié, & remis
ſur une toile neuve. Ces quatre Tableaux ont été préſentés au Roi, qui
a paru très-ſatisfait de l'Ouvrage.

Par M. POUGIN DE SAINT-AUBIN.

241 Le Portrait de M. de ***.
242 Le Portrait de Madame de ***.

Par M. DUPONT, *Profeſſeur.*

243 Un Modelle en terre, représentant
l'Hiver.

Par M. JOLLAIN, *Adjoint.*

244 Un Tableau repréſentant une Veſ-
tale.

Par M. DES BATISSE, *Adjoint.*

245 Le Tombeau de feu M. de Bellegar-
de, Fermier Général, où l'Amitié &
la Reconnoiſſance ſont repréſentées
ſous la figure de deux Génies qui le
pleurent.

246 Le Portrait de feu M. de Belle-
garde.

247 Un Groupe d'Enfans repréſentant
l'Afrique, par le Crocodile qui eſt
ſon Attribut, & le Bonnet orné de
plumes.

Par M. DIDIER, *ancien Adjoint.*

248 Le Portrait d'un jeune Enfant.

FIN.